Prix : 75 centimes.

JULES FIAUX

Comment réussir dans la vie ?

La volonté bien éduquée
Peut commander la destinée.

PARIS (IXme)
H. DARAGON, LIBRAIRE-ÉDITEUR
30, rue Duperré, 30

1908

Comment réussir dans la vie ?

LAUSANNE. — IMPRIMERIE A. PETTER.

Comment réussir dans la vie?

La volonté bien éduquée
Peut commander la destinée.

PARIS (IXme)
H. DARAGON, LIBRAIRE-ÉDITEUR
30, rue Duperré, 30

1908

Lettre
à mes bienveillants lecteurs.

Vous vous êtes peut-être demandé, en lisant le titre de ce livre, si on peut apprendre à réussir dans la vie. Peut-on nous enseigner comment nous devons agir sur notre destinée de façon à ce qu'elle aille au gré de nos désirs ?

A de telles questions, je réponds par un oui très catégorique.

Admettre que nous ne pouvons pas diriger notre destinée, c'est nous soumettre à la loi décevante de la fatalité ; c'est, dans une grande mesure, abdiquer notre dignité humaine.

En fait, aucun homme, sain d'esprit, ne se comporte en fataliste absolu ; car tout acte que nous accomplissons, fût-ce seulement pour notre conservation personnelle, tel que nous nourrir et nous vêtir, est fait en opposition avec le fatalisme.

Si nous avons la liberté, la faculté de nous conserver, nous avons évidemment celles de nous développer et de rendre notre existence agréable à nous-mêmes et aux autres. En d'autres termes, la faculté d'apprendre à réussir dans la vie.

Cette étude est la plus utile et la plus intéressante que nous puissions entreprendre ; notre propre expérience et nos observations sont nos professeurs naturels, mais nous pouvons tirer profit aussi de l'observation et de l'expérience des autres.

Si personne n'est fataliste absolu, beaucoup le sont dans une certaine mesure. On entend souvent dire : « Je n'ai pas de chance » ; « Il y a des veinards et des malchanceux », et même : « Il n'y a de chance que pour la canaille ».

Je désire vous persuader que le hasard n'existe pas en lui-même et que toutes les forces de la nature agissent selon des lois parfaitement établies. Observons celles-ci, étudions-les avec soin, afin de pouvoir éviter qu'elles nous portent préjudice et apprenons à les diriger pour servir au mieux nos aspirations et nos désirs.

Quelques-uns d'entre vous, fatalistes quand même, me cite-ront peut-être, en opposition à mon affirmation, les jeux de hasard. Chers lecteurs, veuillez y réfléchir ; si la « veine » devait régulièrement favoriser certains joueurs, les courtiers de maisons de jeu devraient presque tous faire faillite à brève échéance. Nous voyons, au contraire, que tous ils acquièrent de grosses fortunes qui sont précisément proportionnelles au nombre de numéros qu'ils se réservent et aux mises des joueurs. Même là, le fatalisme n'est qu'en apparence.

On m'objectera sans doute encore les accidents, les maladies. Si on examine soigneusement chaque cas, on se convaincra qu'ils ne sont pas dus à un hasard aveugle et idiot, mais sont le fait soit de l'imprudence ou de l'imprévoyance des victimes, soit de forces naturelles agissant selon certaines lois dont nous ne connaissons souvent que les effets.

Avec plus de raison, on pourra me faire remarquer que ceux qui viennent au monde infirmes ou maladifs n'ont pas la même chance que ceux qui y apportent une bonne santé. Mais cela ne prouve pas non plus l'existence du hasard. Ce ne sont pas les nouveaux-nés assurément qui ont plus ou moins négligé de se conformer aux lois naturelles, mais ce sont leurs parents, leurs ancêtres.

Ce n'est pas l'effet du hasard si toutes nos physionomies diffèrent de telle façon que nous soyons tous reconnaissables. Ce n'est pas par lui, non plus, que nous différons les uns des autres à tous égards.

C'est donc en acceptant simplement et joyeusement la position matérielle, physiologique et psychique qui nous a été léguée et que nous avons plus ou moins modifiée, que nous devons entreprendre l'éducation de notre personnalité et, par cela, devenir capables de réussir dans la vie.

Je n'ai pas besoin de m'étendre plus longuement sur ce point. Le fait, cher lecteur, que vous lisez ceci me démontre que vous admettez la possibilité d'apprendre à diriger votre destinée et me fait augurer que vous saurez tirer profit des pages qui vont suivre.

Jules FIAUX.

I

L'homme, microcosme, autrement dit résumé de l'univers, peut disposer de diverses forces naturelles pour développer son bien-être physique, intellectuel et moral. En général, il connaît imparfaitement ces forces et ne sait pas suffisamment s'en servir. Acquérir cette connaissance et cette science, c'est précisément apprendre comment on peut réussir dans la vie.

La plus importante de ces forces naturelles, c'est la volonté.

Nous la possédons tous à un certain degré. Il est en notre pouvoir de l'augmenter et il est nécessaire de l'éduquer.

Quand la volonté est réfléchie, éclairée, inébranlable, elle constitue une force merveilleuse. D'une telle volonté, on est fondé de dire qu'elle peut tout.

Nous voyons cependant des personnes possédant une grande force de volonté ne pas réussir dans la vie. C'est parce qu'elles ne l'ont pas suffisamment éduquée ; il faut l'éduquer pour la mettre en harmonie avec nos facultés intellectuelles et physiques.

Comme toutes les forces naturelles, la volonté est une force latente dont il faut apprendre à faire un judicieux emploi.

Cette force peut être comparée à celle emmagasinée dans le ressort remonté d'une horloge. Si tout est bien en ordre dans le mécanisme de celle-ci, la force accumulée dans le ressort se transmet aux rouages, les met en mouvement ; son débit est régularisé par le balancier et l'horloge remplit sa fonction aussi longtemps qu'il reste de la force dans le ressort. Si quelque chose cloche, si le balancier ne marche pas, si les rouages manquent d'huile, la force emmagasinée dans le ressort existe bien, mais elle ne peut produire son effet.

Si l'échappement est dérangé, il se peut que la force ne soit plus maintenue dans le ressort, qui se détend précipitamment, et qu'elle soit dépensée en pure perte.

Il en est de même de la force hydraulique. Abandonnée à elle-même, la force de chute d'eau d'une rivière est généralement inutile et même parfois dévastatrice ; par l'établissement de canalisations et de turbines, elle peut être, pour ainsi dire, domestiquée et amenée à rendre les services les plus précieux.

C'est une force latente souvent perdue que l'homme, par l'empire qu'il prend sur elle, peut rendre utile et productive dans la plus grande mesure.

Il en est de même de la force de volonté ; nous en possédons tous dans une mesure suffisante, mais peu nombreux sont ceux qui en savent tirer tout le parti convenable.

Eduquer sa volonté, c'est apprendre à tirer le meilleur parti de cette force que nous possédons.

Ainsi qu'en font foi ces anciennes devises et axiomes : « Vouloir c'est pouvoir », « Avec la volonté on vient à bout de tout », « Le monde est aux vaillants », « A cœur vaillant rien d'impossible », les hommes ont dès longtemps reconnu la puissance de la volonté, de la vaillance, comme on l'appelait.

Au commencement du siècle passé, le philanthrope et homme d'Etat Thomas Buxton disait qu'un jeune homme pouvait devenir à peu près tout ce qu'il voulait, pourvu qu'il formât une forte résolution et s'y tînt.

Dans son *Self Help,* S^el Smiles dit : « C'est la volonté qui donne à l'homme le pouvoir de faire et d'être tout ce qu'il s'est mis dans la tête qu'il ferait ou serait ».

Paul Doumer, dans son *Livre à mes fils*, déclare que, « dans l'inévitable lutte pour l'existence, l'homme de volonté énergique réussit mieux que tout autre », et encore : « Il faut exercer sa volonté sans trêve ni repos, l'appliquer à son propre perfectionnement, en même temps qu'à tous les actes de l'existence ».

De telles citations, que je pourrais multiplier, montrent qu'il est très important de développer la force de volonté. En réalité, cette force est le souffle de vie qui nous anime.

Etre apathique, insouciant, paresseux, distrait, etc., c'est être pauvre en toutes choses ; c'est être une créature inférieure, un dégénéré.

Avoir une volonté ferme, intelligente et bienveillante, c'est, au contraire, être bien vivant, une créature complète. Ceux qui la possèdent forment l'élite de l'humanité.

Il faut donc avoir de la volonté. On l'entend, du reste, assez souvent dire, et il ne doit pas me suffire de le répéter. Autant vaut de dire à un aveugle : « Il faut voir clair ».

Les Orientaux, les Hindous surtout, ont reconnu depuis bien des siècles la puissance de la volonté ; plus pratiques que nous, ils ont cherché et découvert les moyens d'augmenter celle que nous possédons et surtout de l'employer utilement.

Ce sont ces moyens que je veux indiquer ici et qui nous permettront de réussir dans la vie.

———

II

Tout d'abord, il est indispensable de ne pas confondre, ainsi qu'on le fait souvent, un acte de volonté avec un acte de violence. Ce sont deux choses bien différentes ; autant l'un est à recommander, autant l'autre est, au contraire, à repousser.

L'acte de violence est le ressort non retenu qui dépense toute sa force brusquement, au risque de briser tout, et qui laisse après lui fatigue et abattement. Il est malfaisant.

L'action de la volonté est lente et graduée, la force s'écoule lentement, mais régulièrement. Elle est bienfaisante.

La volonté ne travaille utilement que dans le calme; son action ne demande que peu d'effort, peu de contractions musculaires.

Pour que sa force puisse agir utilement, il faut que la volonté soit tout à fait indépendante, il faut qu'elle domine bien tout nos organes et toutes nos facultés, aussi bien morales et intellectuelles que physiques. Elle ne doit pas non plus être liée à nos pensées et la première chose à faire est de nous habituer avec soin à ne pas identifier celles-ci avec notre volonté.

Disons-nous bien qu'un seul acte de volonté a plus de force que toutes nos pensées.

Nous devons nous scruter soigneusement et chercher à distinguer nettement notre personnalité de volition, c'est-à-dire voulante, de notre personnalité pensante. Quand nous serons parvenus à bien établir cette différence, nous devrons nous efforcer d'arriver à ce que notre volonté s'affirme toujours davantage et commande à nos pensées.

Figurons-nous que nos pensées sont des objets ou, mieux, des serviteurs ayant une existence séparée et qui doivent absolument être soumis à notre volonté.

Quand la subordination de nos pensées à notre volonté aura été établie, alors nous serons devenus nos propres maîtres et nous aurons conquis la seule vraie liberté, contre laquelle un pouvoir, quelque tyrannique qu'il soit, ne pourra jamais prévaloir. La liberté de la pensée n'est rien sans la liberté de la volonté et celle-ci n'est efficace qu'autant qu'elle ne nuit pas à la liberté d'autrui.

Souvenons-nous que vouloir c'est pouvoir.

III

En fait, il s'agit de compléter et, pour beaucoup, de refaire même notre éducation.

Il ne faut pas que cela nous effraie ; c'est moins difficile que cela paraît ; comme pour toutes choses, ce ne sont que les premiers pas qui coûtent ; plus ncus avancerons, plus la tâche deviendra aisée et la récompense sera infiniment supérieure à l'effort exigé.

L'historien Gibbon a dit avec raison : « Tout homme « reçoit deux sortes d'éducation : l'une lui est donnée « par les autres, l'autre, beaucoup plus importante, il se « la donne lui-même. »

C'est cette dernière, essentielle, qu'on néglige malheureusement le plus à notre époque.

L'éducation que nous recevons des autres nous est fournie en partie par nos parents, davantage par l'école, mais surtout et tout le long de notre vie par notre entourage et par nos lectures.

L'éducation reçue de nos parents aura été bonne ou mauvaise, selon que l'influence exercée sur nous par eux aura été favorable ou non à notre développement général ; celle de l'école est souvent plus mauvaise que bonne ; il en est de même de celle provenant de notre entourage et des lectures.

L'inconvénient principal de l'éducation que nous recevons d'autrui est qu'elle diminue toujours et souvent annihile notre énergie personnelle.

C'est avec beaucoup de raison que S[el] Smiles a écrit que tout ce qui est fait *pour* nous, nous ôte dans une certaine mesure le besoin et par conséquent le désir de le faire nous-même et que, partout où un individu est soumis à un excès de protection et de gouvernement, la tendance inévitable de ce système est de le réduire à un état d'impuissance relative.

En ce qui concerne l'éducation par l'école, je pose en fait que soumettre chaque individu *à l'obligation* de consacrer une partie importante de sa vie, soit de 7 à 16 ans, à des travaux intellectuels qui paraissent ne correspondre en aucune façon à la tendance naturelle de l'adolescence, cela constitue bien un excès de protection et de gouvernement.

Je ne veux pas m'allonger longtemps sur l'inutilité pour la grande majorité à être astreint à un travail cérébral assez intense à un âge où l'individu aurait surtout besoin de développer ses sens, son adresse et sa force physique ; mais je veux faire remarquer le tort beaucoup plus considérable qu'on cause à chaque jeune homme en *l'obligeant* à contracter l'habitude, dont il ne pourra se défaire qu'à grand'peine, de ne rien juger par lui-même, mais d'accepter les jugements, opinions et enseignements tout faits qui lui sont présentés.

C'est de cette façon que l'école détruit en grande partie en l'homme les principes d'énergie et de valeur personnelle. Au sortir de l'école, le jeune homme privé de l'habitude de juger, d'opiner et de penser par lui-même, est porté à s'inféoder à un parti, à une association qui lui indique ce qu'il doit penser, comment il doit juger et lui présente des opinions toutes faites pour tout ce qui concerne ses rapports sociaux, politiques et religieux. Le journal accapare l'individu au sortir de l'école. Dans ses affaires personnelles, il erre désorienté et cherche le plus souvent à se mettre, par un emploi, sous la direction d'autrui.

Il est réduit ainsi à un état d'impuissance relative.

Ces jugements, ces raisonnements tout faits, qu'on nous a introduit dans le cerveau sous prétexte d'instruction et d'éducation sont réellement, qu'ils soient bons ou mauvais, des préjugés ; ils forment, dans leur ensemble, un moule qui, violentant nos personnalités, a donné à chacun de nous la même forme intellectuelle, les mêmes pensées, les mêmes erreurs en même temps que les mêmes vérités. L'originalité disparait.

C'est pourquoi nous sommes obligés non seulement de faire, mais de refaire notre éducation. Il faut commencer ce travail le plus tôt possible, car il deviendra plus difficile à mesure que nous avançons en âge. L'éducation et l'instruction que la société nous impose sont des béquilles dont il faut maintenant apprendre à se passer. Il aurait été assurément bien plus facile d'apprendre à marcher sans béquilles.

Notre premier devoir pour développer notre volonté est donc de briser le moule de préjugés dans lequel notre intelligence a été emprisonnée, de recouvrer notre indépendance de jugement, de reprendre l'individualité que la nature nous a octroyée. Il faut apprendre à marcher sur nos propres pieds, sans appui artificiel.

Je n'entends pas, par là, condamner absolument l'école ; elle peut nous rendre de grands services, mais à la condition seulement que nous conservions la liberté d'en prendre ce qu'il nous convient d'en obtenir et rien de plus et qu'elle soit mise à notre disposition non pas seulement à un âge où nous ne sommes, le plus souvent, pas capables de l'apprécier, mais à tout âge en dehors des heures habituelles du travail.

Je conseillerai même à ceux qui, par exception, n'auraient pas vendu ou jeté les manuels d'école avec la satiété qu'on éprouve pour l'instruction, lorsqu'elle nous a été imposée pendant de nombreuses années, je leur conseillerai, dis-je, de reprendre ces manuels et, s'ils en ont le loisir, de les relire attentivement avec le désir d'en tirer profit en soumettant cet enseignement au libre contrôle de la raison et de la réflexion. Qu'ils bornent, cela va sans dire, cette lecture aux matières qui les intéressent et dont la connaissance plus parfaite peut leur être utile.

Il est probablement prématuré de combattre le dogme

sacro-saint de l'instruction obligatoire. Il me serait cependant facile de démontrer que son abandon serait très favorable au peuple, mais cela entrainerait des développements trop longs qui n'ont pas absolument leur place dans le sujet qui nous occupe.

Remarquons cependant, que ceux qui réussissent le mieux dans la vie ne sont pas généralement les meilleurs élèves des écoles et des universités. La plupart des milliardaires et beaucoup de personnages éminents dans la science et l'industrie ont très peu fréquenté les écoles.

Il est toutefois à prévoir que, pendant bien longtemps encore, nous aurons à refaire nous-mêmes l'éducation de notre volonté.

IV

Quand nous aurons, pour ainsi dire, pris possession de nous-mêmes, il s'agira de bien savoir à quoi nous allons employer cette force de volonté qui est capable d'accomplir de grandes choses.

Nous devons établir le plan de notre vie de manière que, tenant compte de nos goûts et de nos capacités, elle puisse être la plus utile et la plus bienfaisante à nous-mêmes et aux autres. Oui, aux autres aussi, car notre vie ne saurait être tout à fait bienfaisante pour nous-mêmes si elle ne l'est en même temps aux autres. Il faut nous créer un idéal.

Un exemple nous fera mieux saisir l'importance de cette condition de réussite :

Vous disposez d'un terrain et d'un capital que vous voulez consacrer à faire bâtir une maison. Vous vous mettez en rapport avec un entrepreneur de bâtiments et lui dites : « Je dispose d'une somme de x, bâtissez-moi une maison pour ce prix-là ». Il vous répondra sans doute : « Je veux bien, mais donnez-moi des plans bien établis ». L'architecte auquel vous vous adresserez ensuite vous dira aussi : « C'est très bien ! mais indiquez-moi l'orientation et les dimensions que vous voulez donner à ce bâtiment, le nombre d'étages, de pièces, etc., etc., et je vous établirai un plan ».

Nous avons en nous un architecte, c'est notre intelligence ; des entrepreneurs, ce sont nos organes ; nous devons leur fournir des indications bien réfléchies, si nous voulons que leur travail nous satisfasse.

Nous avons aussi le capital nécessaire, c'est notre énergie ; il s'agit de ne pas le dilapider en essais infructueux.

Quand je dis que nous possédons l'énergie nécessaire, j'entends une énergie suffisante pour réussir dans une certaine mesure ; car, je le rappelle, nous ne sommes pas arrivés en ce monde, ni au point où nous nous trouvons, avec des facultés et des énergies égales ; elles sont très diverses.

Eussions-nous hérité une belle fortune, si notre énergie, nos facultés et notre intelligence sont bornées, nous ne pouvons prétendre à une vie brillante ; nous devons faire cadrer notre but avec nos facultés.

Cependant, souvenons-nous que si nous savons désirer avec ardeur et que nous soyons persévérants, notre énergie, notre intelligence et nos facultés pourront être développées en proportion de nos désirs. Il suffira d'appliquer les méthodes d'entraînement qui seront développées plus loin. A cette condition, nous n'avons pas besoin de borner notre ambition et pouvons laisser la voie libre à nos aspirations, à notre idéal.

Cet idéal, comme je viens de l'expliquer, il est nécessaire de bien le déterminer.

Il faut consacrer à cela un certain temps, chaque jour, autant que possible, dans le même local, assis ou couché tranquillement dans le même endroit et dans une position physique identique.

Les moments qui me paraissent les plus propices sont le matin, sitôt après le réveil, et le soir, avant de s'endormir. Il est de grande importance de se mettre dans un état d'esprit calme et gai en le dégageant de tout souci ou pensée pénible. Si une pensée de tristesse ou de doute venait nous distraire dans cette occupation. nous aurions beaucoup de peine à reconquérir le calme spirituel et la confiance nécessaires. Les personnes affectionnées à la religion peuvent avantageusement présenter cet idéal sous forme de prière fervente.

Chaque séance consacrée à notre idéal doit être plutôt courte, il est indispensable que toute notre attention soit bien dirigée sur lui pendant tout le temps qu'elle dure ; à cet effet, il est nécessaire que nos muscles soient bien relâchés, toute contraction nuirait à l'expansion de notre énergie psychique.

Tâchons de nous persuader que nous sommes nous-mêmes notre idéal et que nous devons en réaliser la preuve. Cet idéal, en fait, existe bien en nous, il fait partie de nous-mêmes ; en le réalisant, il nous fait bien ce que nous devenons.

Quand nous nous sommes formé un idéal, tenons-le ferme, esquissons-en tous les détails, représentons-nous-le, pour ainsi dire, plastiquement ; puis, développons-le avec enthousiasme. Ayons surtout et conservons toujours la plus entière confiance en sa réalisation.

Il faut bien définir les buts que nous nous proposons. Je ne veux pas dire, en mettant le pluriel ici, qu'il me paraisse utile ou avantageux de diviser notre activité à la réalisation de plusieurs buts. Chacun sait qu'il n'est pas bon de courir plusieurs lièvres à la fois.

Ce n'est pas une raison pour nous borner absolument à un seul but.

Nous devons, sans doute, faire un choix après avoir bien réfléchi et bien sondé nos aspirations, nos goûts et nos aptitudes. Mais notre personnalité étant multiple : corps, âme et intelligence, nous pouvons, et cela est tout à fait recommandable, nous proposer un but pour chacune des parties de cette trinité.

Nous aspirons, cela va sans dire, à acquérir le bien-être matériel. Voyons par quels moyens nous pourrons nous le procurer, établissons-nous une ligne de vie matérielle à suivre, ce sera un de nos buts. Soyons cependant convaincus que ce bien-être matériel, une fois réalisé, ne saurait nous satisfaire complètement, ne pourrait nous procurer seul le bonheur. Nous avons les aspirations du cœur qui sont liées dans une certaine mesure à notre ligne de vie matérielle, mais qui ne doivent pas en dépendre. N'eussions-nous pas un sou vaillant quand nous aurons atteint une certaine étape de notre vie, si nous avons développé nos facultés affectives, si nous avons un cœur aimant et, ce qui en est le corollaire, si nous sommes au bénéfice de solides affections, nous serons certainement plus heureux, que si, ayant acquis une belle aisance matérielle, nous avons laissé dessécher notre cœur et que, égoïstes nous-mêmes, nous ne soyons conséquemment entourés que d'égoïsme. Pour que nous réussissions dans la vie, il faut aussi nous faire un idéal pour notre âme.

Ce n'est pas tout encore; il est à conseiller de nous proposer un but intellectuel indépendant de l'intelligence que nous aurons à mettre au service de notre but matériel.

De cette façon, nous aurons établi le plan de développement de toutes les parties de notre personnalité; elles seront toutes trois en équilibre et nous aurons le sentiment de nous être préparé des jouissances nombreuses et solides pour l'époque de notre complète maturité. Nous ne devons pas craindre que le temps nous manque pour assurer la réussite de ces trois buts; nous n'aurons qu'à déblayer le chemin de notre existence de tout ce qui l'en-

combre inutilement et à répartir notre temps judicieuse-
ment. Il ne nous manquera surtout pas si nous sommes
diligents à développer notre force de volonté, notre
énergie.

V

Pour pouvoir réaliser notre idéal, il faut que nous possé-
dions ou acquérions la confiance en nous-mêmes, la foi en
notre puissance personnelle. Cette foi et cette confiance
en nous sont les conditions essentielles pour rendre possible et certain le développement de notre force de volonté.
C'est une des pierres d'angle de l'édifice de notre destinée
terrestre.

Buxton disait : « Se croire capable, c'est presque
l'être ».

Remarquons en passant que cette confiance et cette foi
en nous-mêmes n'exclut nullement la foi et la confiance
en une divinité quelle qu'elle soit.

Je suppose que personne ne voudrait placer sa foi et sa
confiance en un Dieu qui n'aurait pas donné à sa créature
la faculté de se développer et de progresser. Que nous
ayons foi en Dieu, c'est bien, mais que cela ne nous dis-
pense pas d'agir par nous-mêmes et d'avoir foi en nous-
mêmes aussi. Il est très juste cet aphorisme : « Aide-toi, le
Ciel t'aidera ».

Il ne faut pas non plus penser que cette confiance en

nous-mêmes soit en contradiction avec l'humilité recommandée par certaines religions. La confiance en notre force, en notre vitalité, n'est point de l'orgueil et ne doit pas même contribuer à nous rendre orgueilleux. Nous savons, en effet, que plus on fait de progrès dans un art, dans une science, plus on s'aperçoit de ce qui reste encore à apprendre. De même, plus nous prendrons conscience de notre force, plus nous saurons combien il nous en reste encore à acquérir.

C'est donc sans aucune arrière-pensée que nous devons chercher à développer la confiance en nous-mêmes. Sans elle, nos pensées et nos désirs manqueraient d'élan et nous ne pourrions réaliser notre idéal.

C'est par la confiance que nous avons en l'activité des forces de nos pensées que nos désirs peuvent être réalisés.

C'est en ayant la confiance inébranlable que ce que nous nous proposons aujourd'hui en pensée s'accomplira infailliblement en son temps, que nous arriverons à ne pas nous tourmenter pour le lendemain, mais à regarder l'avenir avec calme et joyeuse humeur.

La foi en nous-mêmes prépare la voie au succès. S'il nous arrive des insuccès, il ne faut pas que notre confiance soit ébranlée, car ils proviennent de causes qui peuvent nous échapper en ce moment, mais que nous vaincrons quand nous les connaîtrons. Celle qui est la plus fréquente consiste en ce que nous nous laissons influencer par d'autres personnes qui mettent en doute le bon résultat que nous désirons obtenir ; elles réussissent assez souvent à nous communiquer ce doute et ainsi à compromettre l'œuvre de la confiance en nous-mêmes. Il faut nous appliquer à résister énergiquement à ces pessimistes et donneurs de conseils déprimants. Le mieux est, pour cela, de prendre la ferme résolution de ne communiquer nos projets, notre idéal, à qui que ce soit. Ceux-ci peuvent être mauvais pour celui à qui nous en parlons, parce qu'ils ne correspondent pas à ses goûts et aptitudes ; ils seront toujours les meilleurs pour nous si nous avons foi en leur réalisation.

Ce qui est très utile pour étayer notre confiance en nous-même c'est de rechercher l'estime des personnes qui composent notre entourage et du public en général. C'est un tort de penser que c'est faire preuve de force de caractère que de faire fi de l'opinion que les autres ont de nous. C'est le contraire qui est exact.

La bonne opinion que nous inspirerons à nos connaissances nous aidera puissamment à améliorer notre caractère et à appuyer notre foi en nous-mêmes. Leur jugement défavorable, au contraire, nous abaisserait inévitablement, nous enlèverait tout plaisir à travailler, nous procurerait une humeur chagrine et nous entraverait dans l'exécution de nos plans. Plus forts seront, exprimés ou non, les jugements portés sur nous en bien ou en mal, plus nous en sentirons l'action favorable ou funeste. Les hommes ont de tous temps senti cette vérité ; remarquons avec quel soin ils se sont toujours préoccupés de leur honneur, de leur réputation, de leur prestige et de sauver les apparences.

VI

Ce qui nuit le plus à la confiance que nous devons
voir en nous-mêmes, ce qui est en opposition avec elle,
est la peur et la timidité. Ces deux défauts dépensent en
pure perte une grande quantité de notre force de volonté,
de notre énergie, tandis qu'au contraire le courage et l'as-
surance qu'on peut montrer ont la meilleure influence sur
les événements.

Nous dirons volontiers avec un docteur américain : « Il
n'est qu'une chose que nous devons craindre, c'est... la
peur ».

Nous ne pouvons tirer un avantage de quelque nature
que ce soit de la peur. L'angoisse trouble nos sens et nous
place dans de très mauvaises conditions pour faire face
aux situations critiques. Si nous sommes troublés et dé-
contenancés, nous aurons naturellement beaucoup moins
de chance de surmonter un danger que si nous conservons
la sérénité de notre âme et notre sang-froid intellectuel.

On peut même avancer que la seule force que possède
l'objet de notre angoisse, c'est nous-mêmes qui la lui
fournissons, par la peur qui paralyse nos facultés.

Nous pouvons mieux juger les effets de la peur quand elle
se produit subitement à l'état aigu ; elle devient la frayeur,
la terreur ; elle paralyse momentanément nos facultés
physiques et intellectuelles, elle produit des troubles phy-
siologiques qui subsistent quelquefois pendant toute la
vie tels que le bégaiement, certaines maladies du cœur, etc.
Elle a même provoqué la mort subite.

lle n'est pas moins pernicieuse à l'état chronique ; seu-
ent nous discernons moins bien ses effets, parce qu'elle
e ainsi chez presque tous les individus. La peur est
maladie quasi universelle. Peur d'accidents de toutes
es, peur du besoin, peur de l'opinion publique, peur
révolutions, peur de la guerre, peur des maladies,
surtout de la mort. Il faudrait des pages et des pages
r contenir l'énoncé de toutes les peurs qui hantent
rit des humains.

ette crainte, cette frayeur continuelles dans lesquelles
s vivons tous, plus ou moins, troublent et empoison-
t notre existence.

i nous tenons à perdre l'affection des nôtres, une po-
n acquise, de l'argent, la santé ou n'importe quoi, e
lleur moyen est de nourrir la peur y relative. Mettons-
s bien dans l'idée que la peur ne peut rien faire ga-
r, mais, en revanche, elle peut nous faire tout perdre.
a peur est un des détestables produits du pessimisme.
rêter son attention aux côtés laids et mauvais des cho-
ou du moins ceux que nous considérons comme tels,
contracte infailliblement la méfiance et la peur, aussi
a qu'en ne voulant arrêter nos regards que sur les côtés
s, beaux et bons de tout ce qui nous entoure,
s acquérons inévitablement la confiance et l'espérance.
irons donc toute attention à ce qui nous paraît laid et
uvais ; c'est le moyen le plus normal de combattre la peur.
l en est un autre qui mérite d'être indiqué et pratiqué :
orsque nous avons au devant de nous un sujet de
nte, envisageons-le crânement, froidement ; disons-

nous bien que, si nous sommes vaillants, l'objet de notre crainte ne peut nous faire aucun mal ; présentons-nous à lui carrément, je voudrais dire même effrontément. Au lieu de fuir comme les poltrons, les personnes et les situations capables de nous inspirer de la peur, de l'inquiétude, cherchons, au contraire, toutes les occasions de les affronter ; nous nous rendrons très vite compte qu'il n'y a aucun danger à agir ainsi et que nous n'en éprouverons aucun dommage, aucun mal.

La peur et la crainte ne peuvent avoir d'autre effet que de réaliser ce que l'on craint aussi bien que le désir ardent peut nous procurer l'objet de nos vœux.

La timidité est ordinairement une des formes de la peur. Cependant, elle peut provenir aussi d'une trop grande préoccupation que nous avons de nous-mêmes et de l'impression que nous devons produire sur ceux auxquels nous nous présentons.

Le remède à ce genre de timidité est tout indiqué : ayant apporté à notre toilette et à notre propreté tous les soins nécessaires, habitude qu'il faut, comme qu'il en soit, toujours contracter, n'ayons ensuite plus aucune inquiétude à ce sujet et envoyons nos pensées en dehors de nous-mêmes, les dirigeant surtout sur la personne de notre interlocuteur et sur les sujets à traiter.

VII

J'ai encore à vous signaler trois autres ennemis de notre force de volonté et de notre énergie. Ce sont : l'envie, l'esprit chagrin, la colère et l'emportement.

Nous devons les combattre vaillamment, nous persuadant bien que chaque heure que nous perdons à ne pas leur livrer bataille correspond à une perte considérable dans notre bien-être matériel aussi bien qu'intellectuel et moral.

L'envie et sa sœur la jalousie sont aussi déprimantes et funestes que la peur. Si nous analysons ces sentiments au creuset de notre jugement et de notre raison, nous nous apercevrons bien vite qu'ils ne présentent aucune utilité pour nous et ne nous procurent aucune jouissance vraie ; en revanche, elles dépensent, en pure perte, une grande somme de notre énergie. Dans l'envie et la jalousie, il n'y a absolument rien d'heureux et de réjouissant, sans compter qu'il n'y a non plus rien d'honorable. Elles s'opposent au développement de notre force de volonté et à l'élan de nos pensées.

L'envie ni la jalousie ne peuvent modifier en quoi que ce soit notre situation vis-à-vis de ceux envers lesquels nous les pratiquons. Elles diminuent au contraire la force qui nous est nécessaire pour nous procurer une situation analogue à celle enviée. De plus, elles gâtent notre vie, nous aigrissent le caractère. C'est une des formes les plus vaines, les plus malfaisantes de notre égoisme. Elles sont toujours malveillantes.

Pour combattre l'envie et la jalousie, nous devons constamment et soigneusement leur retirer toute notre attention en la reportant sur des projets utiles et avantageux, sur des choses agréables. Disons-nous bien et fermement chaque fois que l'envie et la jalousie viendront nous visiter que ce que nous envions chez autrui, nous pouvons l'obtenir par notre force de volonté et par notre énergie à penser et à désirer. Disons-leur à ces pensées importunes et néfastes : « Arrière ! arrière ! faites place à l'espérance, à la bienveillance et à la confiance ».

Réjouissons-nous du bonheur des autres, de leur fortune, de leurs succès, c'est encore le meilleur moyen de nous en procurer de semblables.

VIII

Prenons maintenant à partie un autre de ces microbes de notre volonté, de notre énergie et de notre bonheur. Il s'agit de l'esprit chagrin. Il est proche parent de l'envie et de la jalousie : si nous le laissons pénétrer dans la place, il a vite fait de pulluler et de désorganiser notre santé morale et physique.

En analysant cet état d'esprit, nous voyons qu'il procède aussi de l'égoïsme, soit sous forme d'orgueil, soit sous celle de vouloir tout rapporter à soi-même. C'est une face du pessimisme et la plus commune. Celui qui est affligé de cette déprimante infirmité se met fréquemment en opposition et en contradiction avec tout ce qui l'entoure; il emploie la plus grande partie de sa vie et de sa vitalité à critiquer les gens et les choses. Il y a défaut d'harmonie entre lui, d'une part, et les personnes et les choses de son entourage, d'autre part. L'homme à l'esprit chagrin a la prétention que tout s'harmonise avec lui; il ne voit pas que c'est, au contraire, à lui de s'harmoniser avec les êtres et les objets avec lesquels il doit entrer en contact.

L'esprit chagrin s'acquiert et se développe beaucoup par nos rapports avec tout ce qui est pessimiste en ce monde; par la lecture de certains livres et journaux qui présentent les choses sous leurs plus vilaines faces, critiquent à tort et à travers, servent à la curiosité malsaine les narrations de tous les accidents, malheurs et crimes imaginables et souvent imaginaires; on le contracte aussi en écoutant ces si nombreux mécontents qui ont toujours à se plaindre de quelqu'un ou de quelque chose.

L'esprit chagrin se nourrit surtout de la quantité de nos petites manies et exigences irréfléchies. Pour peu, par exemple, que nous soyons amis de l'ordre, il suffira d'un petit désordre pour troubler notre calme et gâter notre bonne humeur.

Tous nos petits chagrins et dépits, qui ont généralement leur source dans des faits de très minime importance, sont très préjudiciables à notre santé et ruinent notre énergie.

L'homme qui s'abandonne à l'esprit chagrin et au dépit se dépouille lui-même des bonnes choses de la vie, il éloigne de lui amis, clients et relations utiles.

Le philosophe Hume avait coutume de dire qu'il aimerait mieux posséder, pour seul et unique bien, un heureux caractère, toujours disposé à ne voir les choses que par leur brillant côté, plutôt qu'un caractère sombre avec 25,000 francs de rentes.

Si nous sommes affligés d'un esprit chagrin, et bien nombreux ceux qui sont plus ou moins dans ce cas, comment nous en débarrasserons-nous ?

Il n'y a qu'un seul moyen : mettons-nous en tête de ne pratiquer chaque jour, du matin jusqu'au soir, que l'optimisme ; autrement dit, prenons la ferme résolution de ne vouloir considérer les gens et les choses que sous leurs plus beaux côtés ; appliquons-nous à remplir ce programme dans toutes nos occupations quotidiennes. Il faut immédiatement retirer notre attention à tout ce qui peut amener sur nos lèvres ou dans nos pensées une critique ou une plainte.

Tout d'abord, expurgeons soigneusement nos lectures de tout ce qui est pessimiste. Qu'avons-nous besoin d'envisager ce qui est laid, regrettable ou mauvais dans la vie des autres, réelle ou fictive ? C'est déprimant et désespérant. Nous ne devons, au contraire, ne regarder que ce qui est bon, bien et beau ; ceci seul mérite notre attention, ceci seul nous réconfortera et nous donnera confiance en nous-même et en la vie.

Dans les journaux, il faut sauter résolument sur tout ce reportage de potins, d'accidents, de crimes, de catastrophes ; ne nous absorbons pas non plus sur les critiques d'actes d'autorités, surtout lorsqu'elles sont faites avec acrimonie. « Il faut pourtant bien être renseigné, m'opposera-t-on peut-être, et payer son tribut de pitié aux malheurs d'autrui ». Nous serons toujours suffisamment renseignés sans cela, je vous assure, et quant à notre pitié, les malheureux n'en ont que faire. En leur apportant notre pitié, nous ajoutons notre propre dépression morale à la leur. Ce qu'il faut leur apporter, quand c'est en notre pouvoir, c'est du réconfort, que ce soit par des dons, des paroles ou des pensées. Pour que nous puissions être réconfortants, il faut que nous ayons éliminé de nous tout pessimisme, tout esprit chagrin. Il faut, pour cela, que ces derniers ne soient pas nourris par ces longs récits sensationnels de tous les malheurs imaginables auxquels nous ne pouvons pas nous intéresser efficacement.

Si nous sommes abordés par ces geigneurs, ces critiqueurs qui n'ont jamais fini de se plaindre de ceci, de cela et de tant de choses encore, répondons-leur comme les Espagnols : Qu'importe !

En effet, les causes de toutes ces plaintes, si nous les considérons avec un recul suffisant, ont si peu d'importance dans l'ensemble. Et ce « qu'importe », répétons-le à nous-mêmes, quand nous aurons une de ces mille petites contrariétés, si insignifiantes en elles-mêmes, mais qui s'enflent, s'enflent et deviennent pour l'instant de noirs nuages qui obscurcissent notre horizon, lumineux sans cela, et nous empêchent de jouir du bon soleil de la vie.

———

IX

Nous pouvons aussi user d'un autre remède, la bienveillance, qui est l'antidote de l'esprit chagrin. Elle est, en même temps, une puissance trop méconnue dans notre civilisation moderne.

C'est avec raison que M. S[d] Smiles a écrit : « De gracieuses manières envers supérieurs, inférieurs et égaux « sont une source constante de plaisir pour eux, mais « surtout pour nous. » Et plus loin : « Les bonnes ma-« nières sont l'expression de la courtoisie et de la bien-« veillance et la bienveillance est l'élément prépondérant « de toutes nos relations sociales où les hommes peuvent « mutuellement trouver plaisir et profit. » — « La poli-« tesse, disait Montaigne, ne coûte rien et achète tout. » — « Les manières sont l'ornement de l'action. »

Ce que j'entends par bienveillance est une manière d'être avenante et aimable qui nous saisit inconsciemment. On la sent dans le geste, dans la voix, dans le regard, dans toute la manière d'être de celui qui la possède, mais que, comme force psychique, on ne peut bien définir. Elle vous prend le cœur.

Plus cette force croit en nous, plus grand est le nombre des personnes sur lesquelles elle agit. Personne ne peut nous la procurer; il faut la découvrir en nous et chez les autres. Si, dans l'intention de la découvrir, nous regardons une personne dans les yeux, nous agissons déjà sous l'empire de cette force et la personne que nous regardons ainsi en éprouvera une impression marquante.

Plus nous développerons en nous cette force, plus nous éloignerons de nous soucis, angoisses, craintes et chagrins.

Cette bienveillance donnera à nos pensées un essor irrésistible et, bien plus, si nous lui prêtons toute notre attention, elle nous enveloppera d'une armure impénétrable contre laquelle tous les désirs malsains et les pensées malveillantes des personnes avec lesquelles nous sommes en rapport (envie, colère, jalousie, haine, etc.) rebondiront pour retourner à leur auteur.

X

La bienveillance est une des formes de l'optimisme que j'ai eu déjà maintes fois l'occasion de mentionner dans cet ouvrage. Il est nécessaire d'y revenir un peu plus longuement et de le recommander chaudement comme il le mérite.

Par optimisme, je n'entends pas seulement le principe philosophique suivant lequel tout est pour le mieux dans le monde, mais la pratique si avantageuse dans ses résultats, par laquelle nous nous efforçons de rechercher et ne prendre connaissance uniquement que du plus beau et meilleur côté des gens et des choses. Cet optimisme procure à ceux qui le pratiquent le courage, la confiance, la bonne humeur en même temps que la sympathie, la cordialité et la considération des personnes avec lesquelles ils sont en rapport.

Voici pourquoi l'optimisme est avantageux, non seulement pour nous, mais pour ceux avec lesquels nous vivons : Quand nos pensées, notre attention, notre regard entrent en action, ils émettent un fluide chargé d'un principe vivifiant ; ce fluide a une action réflexe (en retour) sur nous-mêmes. Si c'est sur le côté le meilleur, le plus beau, le plus favorable des personnes, idées et sentiments qu'ils ont été dirigés, ce sera ce côté-là qui sera vivifié soit chez nous-mêmes, soit chez ceux que nous considérons. Nous enlevons, au contraire, de la vitalité aux côtés des gens et des choses qui nous paraissent laids et mauvais en leur retirant notre attention et en refusant de les voir.

Il y aurait un intérêt très grand à expérimenter ce principe dans l'éducation des enfants. Il rendrait, j'en suis certain, de bien meilleurs services que le système des punitions qui réussit bien rarement.

Le pessimisme marche toujours de pair avec l'égoïsme ; l'optimisme avec l'altruisme. Celui qui veut devenir optimiste doit, en conséquence, parler le moins possible de lui-même et, dans ses conversations, il doit s'appliquer à ne traiter que de sujets, idées et opinions qu'il sache intéresser son interlocuteur et lui plaire. Chez ce dernier, il cherchera à discerner les côtés avantageux de ses actes et paroles pour les faire ressortir. Il s'attirera ainsi sa sympathie et sa confiance.

On me dira peut-être, qu'en somme, ce que je recommande c'est de flatter les gens. Interprétez ainsi si vous voulez, mais remarquez bien en même temps que cela ne

présente aucun inconvénient ni pour vous ni pour votre
interlocuteur. En ce qui vous concerne, vous vous entrai-
nez à rechercher le bien en dehors de vous et à éviter le
mal ; en ce qui concerne votre interlocuteur en ne prêtant
attention qu'à ses qualités, vous les mettez en lumière et
les faites prospérer, tandis qu'en refusant toute attention
à ses défauts vous leur retirez la vie dans la mesure de
votre pouvoir.

Est-il possible de s'habituer à ne distinguer que les
beaux côtés des êtres et des choses. Je réponds très affirmativement ; et en cela je suis d'accord avec un auteur
que j'aime à citer, M. S^d Smiles, qui dit : « La répétition
« d'un acte quelconque crée bientôt l'aptitude et l'amé-
« lioration ; et l'habitude qui semble d'abord n'avoir pas
« plus de force qu'une toile d'araignée finit, une fois for-
« mée, par lier comme une chaîne de fer. Il n'est pas
« jusqu'au bonheur qui ne puisse devenir une affaire
« d'habitude. On peut, en effet, s'accoutumer à voir tout
« en beau, comme on peut s'accoutumer à voir tout en
« laid. Nous possédons à un très haut degré le pouvoir
« d'exercer notre volonté de manière à pouvoir diriger
« nos pensées sur des objets qui peuvent être pour nous
« une source de plaisir et de progrès, plutôt que sur leurs
« contraires ; il en résulte que, de cette façon, nous pou-
« vons cultiver l'habitude des heureuses pensées, tout
« aussi bien que nous pourrions en cultiver une autre, et
« cultiver chez tous, hommes et femmes, un heureux
« naturel, un franc caractère, une aimable disposition

« d'esprit est peut-être encore plus important que de les
« perfectionner dans quelque science et dans quelque art
« d'agrément que ce soit. »

« Le travail le plus productif est celui qui est fait avec
« amour, celui qui sort de la tête et des mains d'un
« homme au cœur joyeux. »

XI

Un autre ennemi en nous qu'il faut combattre énergiquement pour devenir maîtres de notre force de volonté,
c'est l'emportement et la colère.

J'ai fait remarquer, dans les premières pages de cet
ouvrage, que si l'appareil d'échappement d'une horloge
ne fonctionne pas bien, toute la force accumulée dans le
ressort peut s'échapper brusquement et se perdre sans être
employée utilement. C'est précisément ce qui arrive quand
nous nous laissons aller à des emportements, à des accès
de colère. C'est ce qui arrive également quand un cheval
prend le mors aux dents.

Toute la force accumulée patiemment est dépensée en
un clin d'œil sans utilité et même au risque de fausser les
rouages de l'horloge, de rompre l'attelage et même d'occasionner la perte du cheval.

On connaît des cas de personne mortes à la suite d'accès de colère.

Un homme qui s'emporte, qui est sujet à des accès de

colère peut inspirer de la crainte, de la peur peut-être, mais jamais de la considération, du respect, de la sympathie, ni de la confiance.

On recommande aux gens colériques de « faire le poing dans leur poche ».

Ce remède n'est qu'un palliatif, mais il indique bien que la colère est une dépense désordonnée de force qui, au lieu de se répandre précipitamment en un flot de paroles vives et de gestes brusques, va se concentrer dans le poing caché dans la poche. Celui-ci fait l'effet d'un sabot aux roues de la voiture.

Pour employer ce procédé, il faut déjà avoir une certaine maîtrise de soi-même, il faut savoir dominer ses nerfs dans une certaine mesure.

———

XII

Pour se corriger de l'emportement et de la colère, il faut travailler à acquérir une qualité excessivement précieuse, c'est le calme. On ne l'obtient que par la complète éducation de la force de volonté; il faut donc employer tous les moyens déjà indiqués dans ce but et ceux qui suivront. Il s'agit surtout de nous rendre maîtres de nos émotions et le meilleur moyen, contraire à l'opinion courante, est de prendre l'habitude de ne les communiquer à personne. C'est bien à tort que nous nous figurons que nous abandonnons une partie de nos émotions en les confiant à autrui. Au contraire, nous grossissons leur importance par l'attention que nous leur octroyons dans ce but. Il faut leur imposer silence à ces émotions irritantes et non point leur prêter l'organe de notre parole. Il faut aller plus loin et arriver à ce qu'elles ne soient pas décelées par nos gestes ni même par les mouvements de notre physionomie. Nous devons pouvoir conserver l'impassibilité absolue. Ainsi nous nous sentirons et serons véritablement forts.

Il faut, pour obtenir ce résultat, une longue pratique; mettons-y de l'obstination et le succès sera assuré. En attendant, retirons toute attention à ce qui suscite nos colères. Sitôt que par le canal de notre ouïe ou de notre vue nous sentons une excitation malsaine se produire en nous, détournons rapidement notre regard et fermons promptement nos oreilles, éloignons-nous si possible et concentrons notre attention sur quelque autre chose.

Il y a aussi un moyen pratique d'apprendre à dominer nos nerfs et à résister aux mouvements de colère. Il a été imaginé par les Hindous.

Il consiste à nous coucher commodément sur un matelas, plusieurs fois par jour si possible, pendant quelques minutes durant lesquelles nous nous appliquons à détendre tous nos muscles. Il faut, mentalement, passer en revue toutes les parties du corps et s'assurer qu'aucun muscle ne reste contracté. Cela fait, il s'agit de refouler petit à petit toute idée, tout sentiment, ne prêtant plus qu'un peu d'attention à la respiration qui doit être calme et profonde. Rester quelques minutes dans cet état qu'on ne parvient à réaliser convenablement qu'avec un peu d'entrainement. Les résultats en sont excellents. Il est à noter que dix minutes de cet exercice équivalent à un repos ordinaire dix fois plus long au moins.

A la fin de ces exercices, on sent un bien-être particulier, l'esprit est plus clair, on domine mieux son corps, on obtient un sentiment de calme délicieux.

XIII

Et puisque je suis à vous indiquer des secrets des Hindous, je vais vous en livrer un qui a une valeur inestimable, car il nous donne le moyen d'augmenter notre santé intellectuelle, morale et corporelle ; notre vitalité entière, par conséquent.

En vous donnant 100,000 francs, je ne vous ferais pas un cadeau plus précieux que la communication de ce secret. Remarquez, toutefois, que si vous déposiez dans un coin les 100,000 francs en question, sans les employer, mon cadeau ne vous servirait à rien. Il en est parfaitement de même de ce secret. Si vous ne mettez pas en pratique le procédé que je vais vous communiquer, il ne vous vaudra rien du tout; si vous le pratiquez imparfaitement, sa valeur sera toute relative.

Il s'agit tout simplement de la pratique de la respiration profonde. Cela parait très peu de chose et c'est énorme. Ayez foi en mon affirmation, pratiquez pendant quelques mois consciencieusement et vous m'en donnerez des nouvelles.

Je n'apprends rien à personne en disant qu'un des organes les plus importants de notre corps est l'appareil de la respiration. Il n'en est guère de plus important, car nous pouvons vivre toute une vie sans voir, sans entendre, sans sentir ; plusieurs jours sans manger ; mais nous ne pouvons vivre plusieurs minutes sans respirer. Or, dans la fièvre de notre vie moderne, nous avons désappris à respirer convenablement.

Notre respiration habituelle est hâtive. Elle ne met en jeu qu'une très petite partie de nos poumons, c'est pourquoi la plus grande partie de ceux-ci s'atrophie souvent ; nous ne pouvons plus que difficilement les remplir complètement d'air ; nous devenons plus ou moins asthmatiques. Or l'air, chacun le sait, est la nourriture la plus précieuse de notre corps.

Avec raison, on se préoccupe de la bonne aération des appartements ; on préconise la vie au grand air. Mais ce n'est pas tout que de disposer de bon air, il faut savoir s'en servir ; or, si on prend la peine d'enseigner aux enfants, qu'il y a quelque mille ans, un conquérant du nom d'Alexandre a été qualifié « grand » parce qu'il a guerroyé sans trêve et fait ainsi mourir beaucoup d'hommes, on ne se donne pas celle de leur apprendre à se servir convenablement de leurs poumons. C'est une des raisons pour lesquelles les nations ont des budgets de guerre si excessifs et que les tuberculeux pullulent.

Il s'agit d'un système d'entrainement nous habituant à servir nos poumons dans leur totalité. Nous pouvons être assurés que trois ou quatre mois après que nous aurons commencé à le pratiquer, notre puissance de travail corporel aura doublé, nos facultés intellectuelles triplé et notre énergie morale quadruplé.

Ayons seulement confiance et ne tardons pas à pratiquer cet entrainement soigneusement et consciencieusement. Nous serons récompensés au-delà de nos espérances ; c'est par expérience que j'en parle.

Pour tous les exercices de cet entrainement, nous devons bien détendre tous nos muscles, être assis commodément, la poitrine en dehors, les épaules effacées et la tête élevée, puis, la bouche étant fermée, nous devons respirer exclusivement par les narines, sans bruit, de la manière suivante : aspirer l'air pendant 3 secondes, retenir l'air aspiré dans les poumons pendant 3 secondes, puis l'expirer pendant les 3 secondes suivantes. La respiration entière dure ainsi 9 secondes. Recommencer immédiatement et cela 65 fois de suite, ce qui fera durer l'exercice 10 minutes. Faire un tel exercice 3 fois chaque jour pendant une première semaine. Les secondes peuvent être remplacées par les pulsations qui seront plus facilement comptées.

La seconde semaine de l'entrainement, on doit faire le même exercice, seulement chacune des opérations d'aspiration, rétention et expiration d'air (toujours par les narines, la bouche étant complètement fermée), doit durer 4 secondes à la place de 3, ce qui fait durer la respiration 12 secondes et produit 50 respirations entières en 10 minutes.

Chaque semaine nous augmenterons de 1 seconde chacune des trois opérations de la respiration.

On peut, dès la sixième semaine, remplacer les trois exercices quotidiens de 10 minutes par un seul durant 20 minutes, mais qui sera porté à 25 et 30 minutes la neuvième et douzième semaine. Il n'y aura pas lieu d'augmenter la durée de la respiration quand elle sera arrivée à une minute, c'est-à-dire à 20 secondes pour chacune des trois opérations d'aspiration, de rétention et d'expiration d'air.

Pendant toute la durée de cet entrainement, qui gagnerait naturellement à être pratiqué en plein air, il est recommandé de boire une bonne gorgée d'eau aussi souvent qu'on y pense, autant que possible tous les quarts d'heure. Il faut manger modérément aux repas et bien mâcher les aliments.

L'entrainement de la respiration profonde, qui amène la dilatation complète des poumons, de manière à ce qu'ils servent dans leur entier à la purification du sang, a un effet extrémement salutaire sur la santé. La quantité considérable d'oxygène aspiré et maintenu dans les poumons en contact avec le sang, brûle complètement les résidus et matières usées qui sont ensuite éliminées. La composition chimique du corps est régularisée et les germes de maladie détruits.

La réorganisation de notre constitution physique commence aussitôt et nous nous en apercevons par une diminution apparente de nervosité, l'acquisition d'un calme croissant et d'une humeur plus gaie.

Le calme et la maitrise de nos nerfs étant une condition absolue du développement de notre force de volonté, nous pouvons les augmenter encore par l'exercice suivant qui a rapport aussi à la respiration.

Etant assis, le corps bien droit, expirer complètement l'air contenu dans nos poumons, ensuite aspirer l'air profondément par le nez pendant 3 secondes, le retenir pendant 3 secondes en le répandant successivement dans toutes les parties des poumons, puis l'expirer. C'est une sorte de gargarisme des poumons qui peut être répété 3 à 4 fois par jour, chaque fois pendant 10 minutes.

XIV

Il ne faut pas, comme certains philosophes l'enseignent, considérer que les désirs sont contraires à notre bonheur. Ils sont pour nous des dispensateurs de vie et nous pouvons mesurer la valeur vitale d'un individu, sa vigueur, à la force de ses désirs.

Il est donc sain de désirer avec ardeur, mais en même temps avec intelligence et réflexion. Quand nous aurons reconnu qu'ils sont raisonnables et bien réfléchis, donnons à nos désirs toute la force dont nous disposons, accompagnons-les même d'enthousiasme.

Il faut pourtant nous mettre en garde contre une sorte de désirs dont la force pourrait se retourner contre nous. Ce sont ceux dont la réalisation comporterait un tort, un dommage au préjudice d'autrui. Ce tort, ce préjudice, c'est contre nous-même qu'il développerait ses conséquences.

Le désir est le commencement de sa réalisation. Nous avons tous eu des désirs qui n'ont pas abouti. Cela vient de ce que nous ne leur avions pas infusé assez de vie, assez de force; nous ne les avons ensuite pas assez suivis, assez nourris.

Pour qu'un désir se réalise avec certitude, nous devons lui donner l'élan nécessaire. Il faut aussi persévérer fermement dans ce désir, ne pas le perdre de vue.

Une condition essentielle pour la réalisation d'un désir, c'est d'avoir la foi. Croyons fermement à la réalisation et agissons en conséquence et l'accomplissement se fera.

Si nous y réfléchissons bien, c'est le désir qui est le ressort du progrès. Si la plupart de nos désirs sont maladifs et meurent tôt, c'est qu'ils ont aussi leurs microbes dont le principal est le doute. « Je désirerais bien ceci, cela », entend-on souvent, mais..., ce « mais », ce conditionnel, voilà le microbe !

Eh morbleu ! laissons ce « mais » de côté, mettons notre désir au présent et ajoutons une affirmation : « Je désire ceci et je l'aurai ».

Combattre ce doute, c'est diminuer la force des soucis et des craintes. En le faisant, notre esprit obéira à nos suggestions immédiatement et de fortes ondes spirituelles nous procureront ce que nous désirons. Peu nous importe comment.

———

XV

Le désir est très proche parent de l'auto-suggestion, cette science qui nous parait nouvelle, mais qui a été connue dans les temps les plus reculés. Elle a actuellement de nombreux adeptes, même dans le monde intellectuel supérieur.

Elle mérite toute notre attention, car elle peut produire d'excellents résultats.

En anglais, auto-suggestion s'appelle aussi « affirmation », ce qui nous indique déjà de quelle façon nous devons l'employer. De fait, l'auto-suggestion est une pratique, je dirai matérielle ou physique de la foi.

Il s'agit d'étayer le désir d'une foi aussi puissante que possible. Pour la rendre puissante, il faut l'exprimer affirmativement, autrement dit, il faut s'affirmer la possession des choses ou des qualités qu'on veut obtenir. Exemples : « *Je possède* » et non « je voudrais posséder une bonne mémoire ». « *J'acquiers* le bien-être », ou s'il s'agit d'une maladie : « Je *guéris* rapidement », etc. Sachons bien saisir la différence, il ne faut pas se dire :

« Je souhaite ceci » ou « j'espère cela », il faut affirmer que l'effet désiré se produit.

Répétons les affirmations relatives à nos désirs toutes les heures, si possible. Si nos occupations ne le permettent pas, répétons-les avant nos repas, en marchant, en nous levant le matin, et surtout le soir au moment où nous allons nous endormir.

Le résultat commencera bientôt à se produire. Beaucoup de maladies ont été guéries ainsi, que le médecin avait déclarées incurables. Ce n'est pas une raison pour nous priver des lumières des docteurs, cela va sans dire ; mais on peut affirmer que l'auto-suggestion peut aider puissamment le traitement médical. Il y a, du reste, une fraction toujours plus nombreuse du corps médical qui emploie la suggestion comme unique moyen de guérison, surtout lorsqu'il s'agit de maladies nerveuses.

Cette méthode d'auto-suggestion est si simple qu'il est bien facile d'en saisir le sens et les conséquences.

La suggestion joue, sans que nous nous en doutions, un très grand rôle dans la vie de chacun de nous ; nous sommes suggestionnés par nos parents, par nos amis, par nos relations, par les marchands, par la mode, par les journaux, par la réclame et par d'innombrables *et cætera*.

Pour résister à toutes ces suggestions qui sont toutes plus ou moins attentatoires à notre liberté, sachons nous suggestionner nous-mêmes, c'est-à-dire nous auto-suggestionner ou, autrement dit, affirmer nos désirs fortement.

Cela constitue un facteur important pour réussir dans la vie.

Si nous ne réussissons pas d'emblée, ne nous décourageons pas, ayons la foi, la patience et la confiance et des résultats se produiront qui nous convaincront de la puissance de cette pratique.

Il faut dans cet entrainement avoir bien soin de ne nous laisser influencer par qui que ce soit, car nous aurions beaucoup de peine à regagner le terrain perdu. Il n'est pas inutile de répéter ici que pour assurer la bonne réalisation de nos désirs et auto-suggestions, il est absolument nécessaire que nous ne les communiquions à personne.

Le désir ardent, enthousiaste est, comme qui dirait, une accumulation de force avec instruction tacite relative au travail à opérer. Si nous communiquons à autrui le désir formé, nous dépensons en le faisant une partie de cette force, la meilleure, qui, dès lors, ne peut agir pour la réalisation. Il suffit que nous répétions plusieurs fois cette communication, pour que toute la force accumulée se trouve dépensée en pure perte pour nous et tout est à recommencer.

______

XVI

Il en est de même des pensées. Si nous apprenons à donner de la force à nos pensées, nous les rendons très agissantes. Des philosophes orientaux prétendent que nos

muscles. nos nerfs, les tissus de nos organes sont des pensées matérialisées. « Pense à la force, disent-ils, si tu veux
devenir fort, à la santé si tu veux devenir sain, au succès
si tu veux l'obtenir. » Nous avons le pouvoir de reformer
notre corps. Pour son perfectionnement, l'effort de la
pensée est un facteur important.

On obtient plus de résultats en cinq minutes d'exercices
corporels associés à la pensée, qu'en une heure s'ils sont
exécutés machinalement.

Et si, ce que chacun peut expérimenter, cela est vrai
pour les exercices corporels, ce sera vrai aussi pour les
exercices intellectuels et moraux.

Pour cela, il faut apprendre à donner de la puissance,
de la vigueur, à nos pensées.

La première chose à faire dans ce but est de s'habituer
à commander à son attention. Un proverbe russe dit
qu'un mauvais observateur serait capable de traverser une
forêt sans y voir du bois à brûler. Peu nombreux, sans
doute, sont ceux qui sont inattentifs à ce point, mais
combien peuvent, à la fin d'une promenade, rendre un
compte exact de ce qu'ils ont vu ? Bien peu assurément,
car la grande majorité laisse errer les yeux sans, à propre-
ment parler, regarder ou, plus exactement, prêter attention
à ce qui se présente à la vue. Un exercice recommandable est celui-ci : Quand nous passons devant une vitrine
de magasin, habituons-nous à embrasser d'un regard
attentif tout ce qui s'y trouve, de manière à pouvoir nous
le représenter un instant après quand nous n'aurons plus

cette vitrine devant les yeux. Usons-en de même pour tous les groupes d'animaux, de personnes ou de choses qui tombent sous notre regard. Après quelques semaines, nous aurons acquis l'habitude de prêter attention à ce que nous voyons.

Il est bien entendu que ceci ne doit être qu'un entraînement pour l'éducation de notre attention ; il ne serait pas avantageux de le prolonger trop longtemps, car nous prendrions l'habitude de disperser notre attention hors de tout propos. Cet entraînement ayant déployé son effet, il serait avantageux d'en pratiquer un autre ayant pour but de nous apprendre à savoir rapidement accorder notre attention à ce qui nous est utile et agréable et à la retirer à ce qui nous importe peu ou nous serait déplaisant.

Dans le même ordre d'idée, nous ferons bien d'apprendre à concentrer notre attention soit sur des idées, soit sur des objets pour les examiner sous toutes leurs faces, les comparer et réfléchir sur leurs qualités et désavantages, de manière à ce que ce travail puisse s'exécuter rapidement et sûrement quand cela est nécessaire.

Apprenons surtout à concentrer notre attention sur notre travail et sur notre lecture avec assez de persévérance pour qu'au bout de quelques semaines nous puissions les exécuter sans qu'aucun bruit, aucune conversation autour de nous soit capable de les troubler.

Enfin, nous devons apprendre à réfléchir utilement sur tout ce que nous voyons et lisons.

———

XVII

Pour réussir dans la vie il est un autre facteur important à développer, lequel est lié aux précédents.

L'esprit humain produit chaque jour une certaine quantité d'une force particulière que nous appellerons l'intérêt, par le canal duquel nous pouvons attirer à nous certaines qualités spirituelles et nous les approprier.

La mémoire est une des manifestations de l'intérêt.

Les pensées et les connaissances que nous n'utilisons pas sortent de notre conscience pour entrer dans notre subconscience qui est directrice des actions que nous accomplissons par instinct ou par habitude. Elles restent à notre disposition dans cette subconscience qui correspond à notre caractère. Quand notre intérêt est éveillé sur une pensée, idée ou chose vue, remisée dans notre subconscience, nous pouvons, à volonté, l'en faire sortir. La rapidité et la précision du souvenir qui rappelle cette idée ou pensée dépend du degré d'intérêt éveillé en nous.

La force de l'intérêt peut nous procurer du dommage si elle n'est pas surveillée, éduquée, contrôlée et commandée. Elle peut nous pousser à des idées fixes, à des entraînements, à des passions nuisibles, à des particularités, à des monomanies.

Comme toute autre force naturelle, cette force de l'intérêt peut devenir bienfaisante et très précieuse quand elle est soumise à notre domination constante et intelligente.

Pour que notre mémoire et notre esprit puissent travailler utilement et librement, il faut que nous puissions nous intéresser immédiatement à n'importe quel sujet ou objet méritant de fixer notre attention.

Ce que nous appelons une mauvaise mémoire est en général une mémoire utilisée à tort et à travers et sans discernement sur beaucoup de sujets dont la plupart nous sont plus ou moins inutiles. Ceci se produit précisément quand notre intérêt, mal gouverné, dévie à droite et à gauche. Il n'y a qu'à mettre ordre à cela et notre mémoire deviendra normale.

Nous aurons ensuite à la développer. Rendons-nous compte, tout d'abord, que la mémoire est la répétition continue d'une sensation. Toute nouvelle pensée occasionne de nouvelles vibrations produisant dans la matière grise de notre cerveau, comme un petit tourbillon qui gêne la faculté de mémoriser. Il faut donc acquérir la faculté de penser d'une façon continue. Il faut éviter de changer constamment et fréquemment le cours de nos pensées comme lorsqu'on lit les nombreux petits paragraphes des journaux. On perd ainsi la faculté de fixer sa pensée un certain temps sur un objet.

Les éléments du progrès de l'esprit ne résident pas dans la lecture en elle-même, mais seulement dans l'intérêt éveillé. Nous ne sommes pas nourris par tout ce que nous mangeons, mais seulement par ce que nous digérons. Nous chargeons souvent notre appareil digestif de beaucoup plus d'aliments qu'il ne peut en digérer, ce qui gêne évidemment le bon fonctionnement de nos organes. De même par des lectures, faites plus par habitude que par nécessité, nous chargeons notre esprit de la même manière et entravons son travail utile. La mémoire réfléchit sur sa surface des milliers d'images venant de toutes parts et nous sommes moins des créateurs de pensées que les réflecteurs de celles d'autrai.

Ce n'est pas toujours penser que laisser notre esprit s'agiter et se mouvoir.

Chaque pensée est produite par un sentiment d'intérêt, de curiosité ou d'admiration ; sans ces sentiments, notre esprit ne progresse pas.

On a beaucoup vanté des systèmes de mnémotechnie basés sur des méthodes d'associations d'idées. Ils ont pour but plus spécialement de favoriser les mémorisations imposées aux écoliers et étudiants. C'est un moyen dont chacun peut user à son gré selon les ressources de son imagination. Il est assez compliqué et a eu, je crois, plus de détracteurs que d'admirateurs. Je n'ai pas l'intention de développer, ni même de recommander un de ces systèmes pour lesquels il existe des manuels: Leur utilité dans la vie pratique est contestable ; en outre, ils ont le tort de fatiguer plutôt l'esprit en augmentant, en réalité, la mémorisation.

Beaucoup plus efficace sera un entrainement développant en nous la faculté de concentrer notre attention.

Pour fortifier et clarifier la mémoire on emploiera avec succès l'auto-suggestion, dont j'ai parlé auparavant. On sait qu'il suffit à certaines personnes d'ordonner à leur esprit de les éveiller à une certaine heure pour que le réveil s'effectue d'une façon précise à l'heure indiquée. Quelques-uns ne parviennent par ce moyen qu'à se procurer un sommeil agité et fréquemment interrompu. Cela vient de ce qu'ils n'ont pas eu assez de confiance dans le résultat ou que la suggestion a été insuffisante et hésitante et faite dans un état incomplet de calme.

Il ne faut pas se laisser rebuter par l'insuccès; en persévérant et améliorant notre auto-suggestion, nous arriverons non seulement à nous passer de réveil-matin, mais à plier notre esprit à nous faire souvenir à heure fixe d'un acte que nous lui donnons l'ordre de nous rappeler dans le cours de la journée.

Un autre entrainement, très original, qu'on a proposé pour améliorer la mémoire, consiste à se remémorer à rebours. Il parait étrange au premier abord, mais l'expérience démontre son utilité. Voici comment on le pratique : On s'exerce d'abord à compter à rebours, ce qui n'est pas difficile ; puis à dire l'alphabet à rebours en commençant par z et finissant par a. Cela demande plus d'attention. Quand on peut le faire assez couramment, on s'exerce chaque jour à reconstituer à rebours son activité par la mémoire. Voici comme on procède : Le soir assis seuls, commodément, nous devons nous remémorer tout ce que nous avons fait en commençant par la dernière minute, celle où nous venons de nous asseoir ; nous remontons dans notre souvenir d'instant en instant jusqu'au commencement de la journée en nous appliquant bien à n'omettre aucun détail. Si nous concentrons suffisamment notre attention et que nous ne cherchions pas à aller trop vite, nous arriverons assez facilement à reconstituer toute notre journée à rebours et nous remarquerons qu'il nous est plus aisé de rétablir ainsi la chaîne de nos actions en commençant par la dernière, qu'en procédant dans le sens inverse.

Si nous répétons chaque jour cet exercice. il nous deviendra vite familier et notre mémoire s'améliorera rapidement, parce qu'il constitue une sorte de gymnastique pour notre faculté mémorisatrice. Cet exercice aura de plus l'avantage de nous faire contrôler utilement notre activité quotidienne et de nous permettre de noter les faits qui méritent de retenir notre attention.

Quand nous saurons mémoriser rapidement une journée, nous pourrons continuer la chaîne à rebours dans notre passé et peu à peu reconstituer toute notre petite histoire, ce dont l'utilité n'a pas besoin d'être démontrée.

Tous les événement et incidents de notre vie reviendront clairs et précis à notre mémoire. Ce sera comme si un brouillard se dissipait dans notre esprit.

Voici un autre exercice qui peut être fait concurremment avec la mémorisation à rebours. Contemplons avec beaucoup d'attention une monnaie ou une gravure que nous devons nous représenter ensuite dans tous ses détails, à yeux fermés. Rouvrons les yeux, contrôlons si la représentation a été exacte.

XVIII

Pour bien réussir dans la vie, il faut aussi savoir réfléchir et se recueillir. Exerçons-nous en prenant dans un livre qui nous intéresse une phrase présentant un sens complet, lisons-la lentement en réfléchissant bien sur les divers sens qui peuvent lui être donnés, sur les pensées qu'elle peut suggérer, sur la valeur de chacun des mots; cherchons si l'idée que cette phrase représente pourrait être rendue plus clairement, en termes plus concis, etc.

Cet exercice intellectuel augmentera la force de notre pensée, la rendra plus claire. Il est important quand nous écrivons et parlons ou même que nous réfléchissons et pensons de ne nous servir exclusivement que des termes les plus concis et les mieux appropriés aux idées à communiquer ou à étudier. Évitons toujours dans nos expressions et pensées ce qui est vague, imprécis. Notre intelligence deviendra bien plus claire, plus nette et plus forte si nous suivons ce principe.

Il est vraiment malheureux que tant d'écrivains par négligence, par crainte de se répéter ou par recherche d'originalité, servent si souvent un terme pour un autre et augmentent ainsi inutilement les acceptions de chaque terme. Ils contribuent à enlever à notre belle langue française une grande partie de sa clarté.

Pour acquérir cette justesse, cette concision et cette clarté d'expression qui ont une si grande importance dans la correspondance et la conversation, il faut nous habituer à parler, écrire et penser sans précipitation, mais avec réflexion.

———

XIX

L'exactitude dans notre parler et dans nos pensées contribuera à nous procurer un nouveau facteur pour réussir dans la vie : la ponctualité.

Soyons ponctuels non seulement dans les heures fixées par autrui pour nos emplois ou pour nos rendez-vous, mais soyons-le aussi avec nous-mêmes. Donnons-nous, si je puis m'exprimer ainsi, des rendez-vous à nous-mêmes et soyons-y toujours à l'heure exacte. Nous contracterons ainsi une excellente habitude qui nous rendra de précieux services. Elle contribuera à nous attirer la confiance des personnes avec lesquelles nous sommes en rapport et nous amènera à mettre de l'ordre dans l'emploi de notre temps.

On sait que pour les Anglo-Saxons, gens très habiles en affaires, le temps c'est de l'argent. Dans bien des circonstances, il est même de l'or pour celui qui sait bien l'employer. Un philosophe italien le disait d'une façon très intéressante : « Le temps est une propriété immobi-« lière qui ne produit rien de bon sans culture. Avec un « travail intelligent et réfléchi, on peut en tirer un parti

« considérable. Laissée en friche, elle ne produit que de
« mauvaises herbes. »

« Une mauvaise distribution du temps, dit Sd Smiles,
« nous jette dans une précipitation, dans une confusion,
« dans des difficultés perpétuelles. »

Cette distribution judicieuse de notre temps, nous
avons tout avantage à l'établir lors même qu'il est au service d'autrui, car, non seulement nous serons appréciés
pour un meilleur rendement de notre travail et avantagés
en conséquence, mais nous contracterons ainsi cette
excellente habitude qui sera en plein rapport lorsque nous
arriverons à travailler pour notre compte.

XX

Nous aboutirons beaucoup plus sûrement à améliorer
notre position de cette façon qu'en briguant les faveurs et
l'appui de personnes haut placées.

En cherchant à être appuyés et favorisés, nous obtien-
drons surtout de belles promesses. Leur réalisation dé-
pendra du plus ou moins d'activité de notre protecteur en
notre faveur, de sa santé, de son crédit, de sa bienveillance envers nous et de l'intrigue d'autres personnes pour
nous supplanter.

Nous aurons une chance sur cent de réussir par le favo-
ritisme et pour cette chance, nous aurons compromis

toutes les autres, car, en nous refiant sur l'appui d'autrui, nous aurons favorisé notre apathie naturelle, négligé de développer notre énergie, diminué la confiance en nous-même, en notre activité, qui nous est si précieuse. Aspirer aux faveurs de personnes mieux placées, c'est acheter une paire de béquilles et confesser que nous n'avons pas les jambes solides.

Haut la tête! et haut les cœurs! Ne nous plions pas pour solliciter, conservons toute notre dignité d'hommes et n'ayons pas d'autre préoccupation pour réussir matériellement que de mériter le succès et la fortune par notre activité, notre énergie, nos facultés propres et l'emploi judicieux de notre temps. Personne ne soignera si bien nos intérêts que nous-mêmes, si nous voulons nous en donner la peine. Habituons-nous donc à ne réclamer aucune complaisance, à ne courir après personne.

Nous ne nous sentirons vraiment solides sur nos pieds que lorsque nous aurons appris à suivre heureusement notre voie dans la vie, sans privilèges, protections, faveurs ni secours de qui que ce soit.

En évitant de réclamer l'appui d'autrui, nous garderons l'avantage de ne devoir communiquer nos projets, désirs et circonstances personnelles à personne; nous pourrons ainsi conserver entière notre indépendance, bien excessivement précieux.

XXI

Pour la conserver encore plus complètement, nous devons aussi apprendre à résister à l'attraction sociale qui nous amène souvent à faire abandon de notre propre jugement.

L'attraction qui nous porte habituellement vers nos semblables est produite par la pensée des autres ; il faut savoir lui résister dans une mesure convenable, car, tant que nous n'avons pas complété l'éducation de notre volonté, nous avons beaucoup à gagner à rester solitaires aussi souvent que possible.

C'est dans la solitude que notre caractère reçoit sa trempe et sa solidité, que nous pouvons nous recueillir, réfléchir à notre aise et cultiver notre personnalité.

En cédant souvent à l'attraction sociale, notre caractère et notre mémoire s'affaibliraient, notre humeur et notre état d'âme seraient influencés souvent de façon fâcheuse, enfin notre faculté de penser s'émousserait.

En disant qu'il faut savoir résister aux attractions, je n'entends pas que nous devions nous priver de tout plaisir, de toute jouissance, loin de là ; mais seulement que nous pratiquions cette abstention dans la mesure nécessaire pour que nous ne soyons jamais dominés par ces attractions. Il faut arriver à demeurer maîtres de toute influence étrangère et acquérir la puissance de nous y soustraire à volonté.

Il ne faut pas regarder la vie d'un œil morose et consi-dérer tous les plaisirs comme devant être dédaignés, ce serait aller en sens contraire de l'optimisme que j'ai re-commandé. Jouissons franchement des plaisirs qui sont à notre portée, ils sont un rafraîchissement et un stimulant dans notre activité sérieuse, mais n'oublions jamais que pour qu'ils aient sur nous un effet salutaire, pour que nous soyons dans le cas d'en jouir sans arrière-pensée, il est essentiel que nous ne soyons jamais dominés par ces plaisirs, que nous restions constamment leurs maîtres et que nous demeurions en tous temps capables de les appe-ler ou de les refuser selon notre volonté.

Pour bien réussir dans la vie, ayons toujours présent à l'esprit et au cœur cette devise: je suis! je peux! je veux!